Impressum
Verlag: BABADADA GmbH, Nedderfeld 112 , 22529 Hamburg
Geschäftsführer / Verlagsleitung: Harald Hof
Druck: Books on Demand GmbH, In de Tarpen 42, 22848 Norderstedt

Imprint
Publisher: BABADADA GmbH, Nedderfeld 112 , 22529 Hamburg, Germany
Managing Director / Publishing direction: Harald Hof
Print: Books on Demand GmbH, In de Tarpen 42, 22848 Norderstedt

school

sekoly

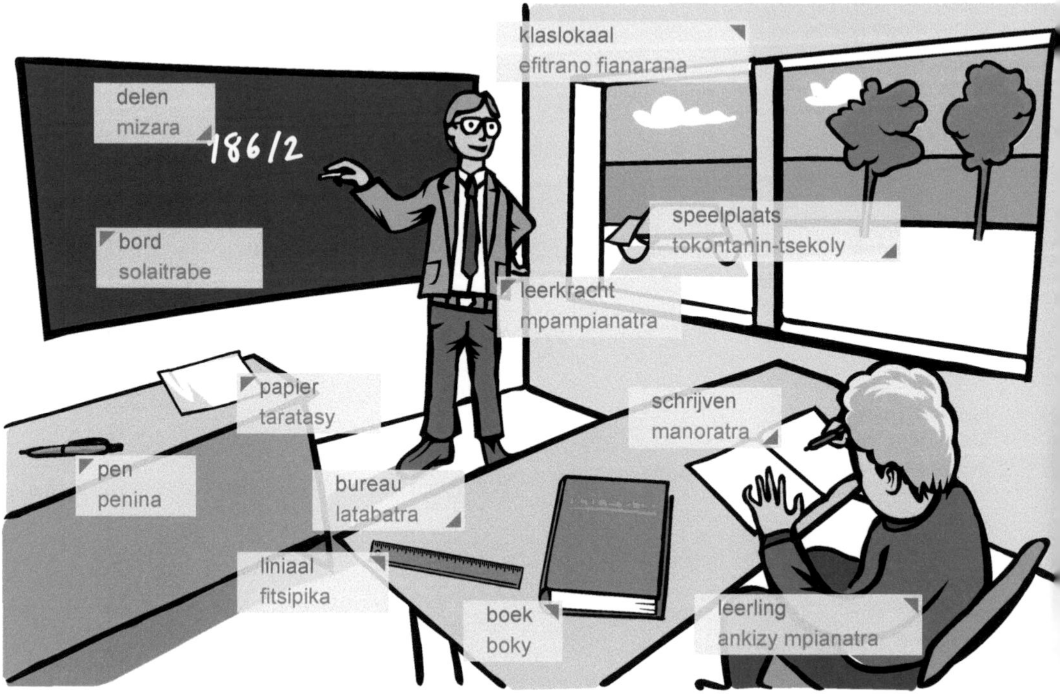

klaslokaal
efitrano fianarana
delen
mizara
186/2
bord
solaitrabe
speelplaats
tokontanin-tsekoly
leerkracht
mpampianatra
papier
taratasy
schrijven
manoratra
pen
penina
bureau
latabatra
liniaal
fitsipika
boek
boky
leerling
ankizy mpianatra

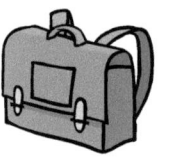

schooltas

kitapo

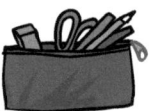

pennenzak

torosy

potlood

pensilihazo

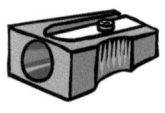

puntenslijper

fandrangitana pensilihazo

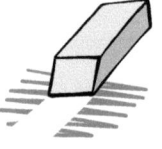

gom

gaoma

tekenblok

karne fanaovana sary

tekening

sary

verfborstel

borosy fandokoana

verfdoos

boaty loko

schaar

hety

lijm

lakaoly

werkboek

kahie fampiasàna

huiswerk

enti-mody

nummer

tarehi-marika

optellen

manampy

aftrekken

manala

vermenigvuldigen

mampitombo

rekenen

mikajy

letter

taratasy

alfabet

abidia

woord

teny

tekst

lahatsoratra

Lezen

mamaky

krijt

tsaoka

les

lesona

klassenboek

boky fianarana

examen

fanadinana

certificaat

sertifikà

schooluniform

fanamian'ny mpianatra

onderwijs

fiofanana

encyclopedie

raki-pahalalana

universiteit

oniversite

microscoop

mikraoskaopy

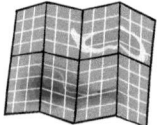

kaart

sarintany

papiermand

fanariana fako taratasy

reis
fitsangatsanganana

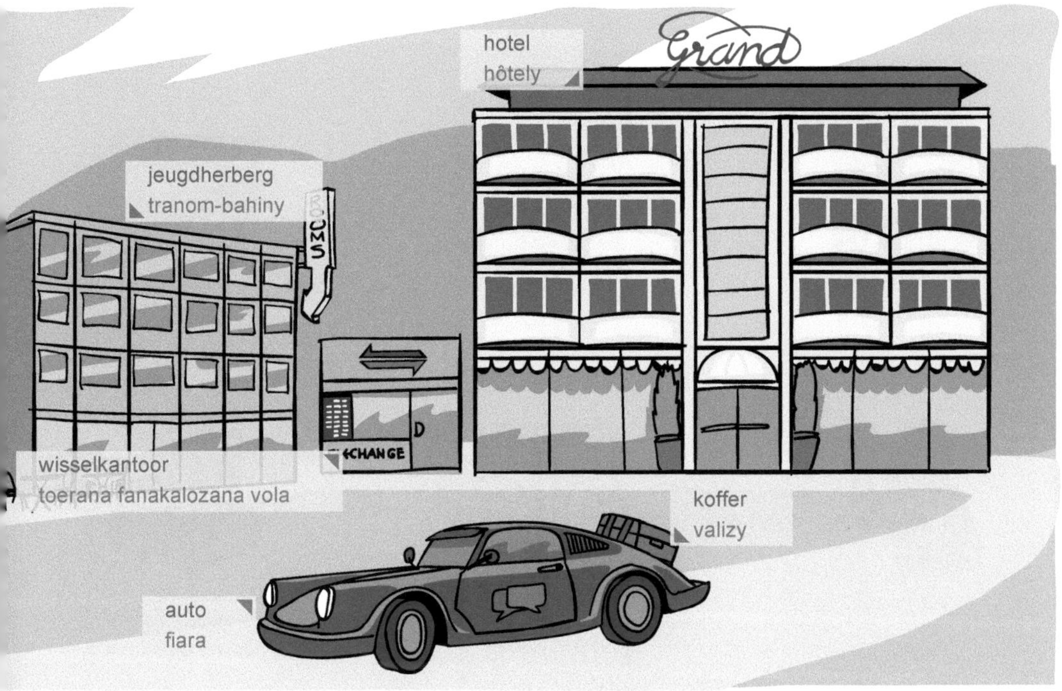
hotel
hôtely
Grand
jeugdherberg
tranom-bahiny
ROOMS
EXCHANGE
wisselkantoor
toerana fanakalozana vola
koffer
valizy
auto
fiara

Taal

fiteny

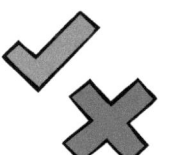

ja / nee

eny / tsia

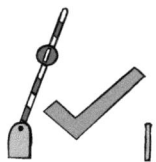

oké

Eny àry

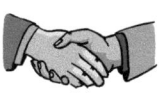

hallo

salama

vertaler

mpandika teny

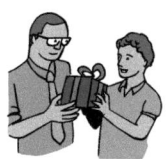

bedankt

Misaotra

Hoeveel kost …?

ohatrinona…?

Ik begrijp het niet

Tsy azoko izany

probleem

olana

Goedenavond!

Salama ô!

Goedemorgen!

Arahaba tra-maraina e!

Goedenavond!

Tsara mandry ô!

Tot ziens

veloma

richting

fitantanana

bagage

entan'ny mpandeha

zak

harona

rugzak

kitapo

gast

vahiny

kamer

efitrano

slaapzak

fandriana enti-tànana

tent

tanty

toeristeninformatie

birao miandraikitra ny fizahantany

strand

moron-tsiraka

kredietkaart

fahana amin'ny karatra

ontbijt

sakafo maraina

lunch

sakafo atoandro

avondeten

sakafo hariva

ticket

tapakila

lift

ascenseur

postzegel

hajia

grens

tany manasaraka

douane

fadin-tseranana

ambassade

ambasady

visum

visa

paspoort

pasipaoro

transport
fitaterana

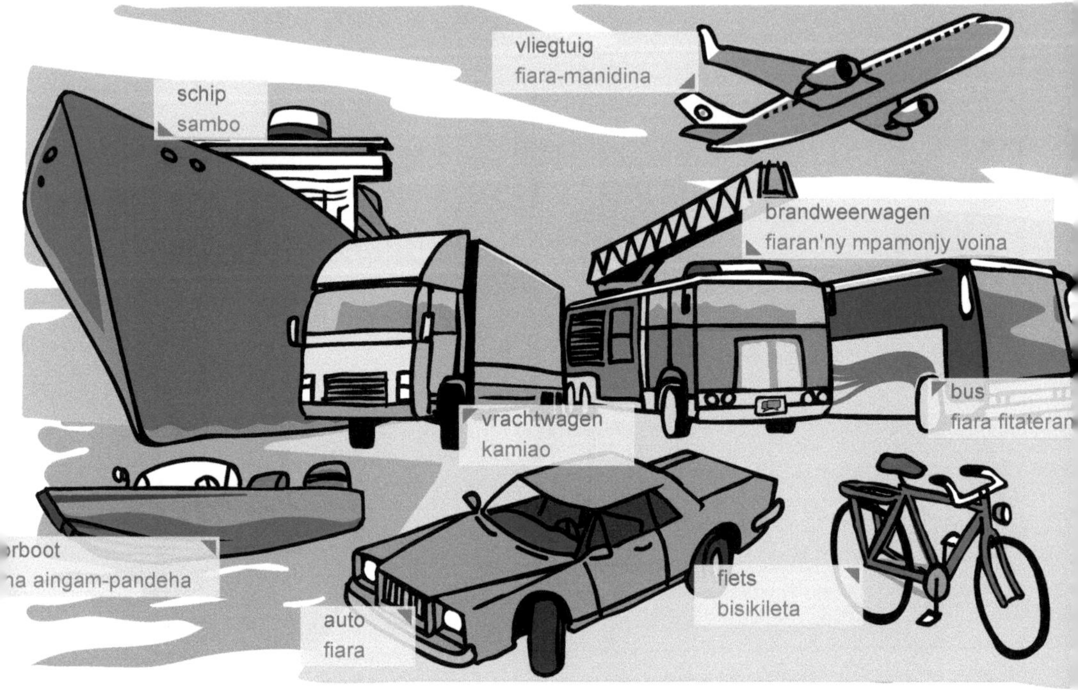
vliegtuig
fiara-manidina
schip
sambo
brandweerwagen
fiaran'ny mpamonjy voina
bus
fiara fitateran
vrachtwagen
kamiao
rboot
a aingam-pandeha
fiets
bisikileta
auto
fiara

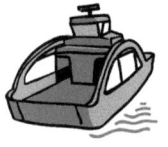

veerboot

sambobe

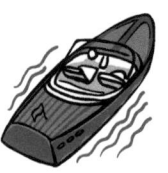

boot

sambo

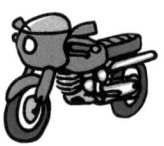

motor

môtô

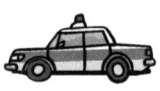

politiewagen

fiaran'ny polisy

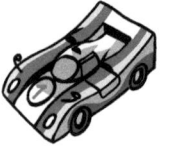

racewagen

fiara mpihazakazaka

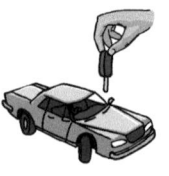

huurauto

fiara fanofa

carpoolen

zara fiara

sleepwagen

fiara etsy babeko

vuilniswagen

fiara mpitatitra fako

motor

môtera

benzine

solika

benzinestation

tobin-tsolika

verkeersbord

tondro fifamoivoizana

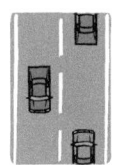

verkeer

fifamoivoizana

file

fitohanan'ny fifamoivoizana

parkeerplaats

fitobian'ny fiara

station

fiantsonan'ny fiaran-
dalamby

sporen

lalamby

trein

fiaran-dalamby

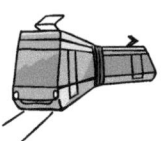

tram

tramway

wagon

kalesy

helikopter

angidimby

luchthaven

seranam-piaramanidina

toren

tilikambo

passagier

mpandeha

container

kaontenera

karton

baoritra

kar

chariot

mand

harona

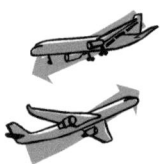

opstijgen / landen

miainga / midina

stad

renivohitra

dorp

ambanivohitra

stadscentrum

afovoan-tanàna

huis

trano

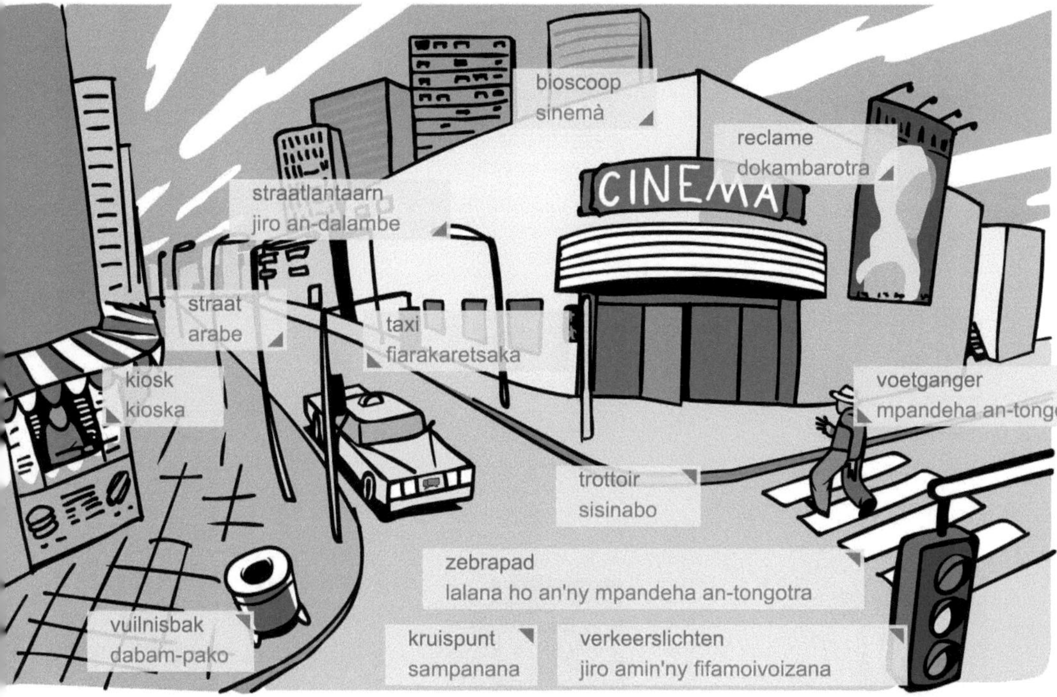

bioscoop
sinemà

reclame
dokambarotra

straatlantaarn
jiro an-dalambe

straat
arabe

taxi
fiarakaretsaka

kiosk
kioska

voetganger
mpandeha an-tongo

trottoir
sisinabo

zebrapad
lalana ho an'ny mpandeha an-tongotra

vuilnisbak
dabam-pako

kruispunt
sampanana

verkeerslichten
jiro amin'ny fifamoivoizana

hut
trano bongo

woning
tranobe

station
fiantsonan'ny fiaran-
dalamby

stadshuis
firaisana

museum
donia

school
sekoly

universiteit

oniversite

bank

banky

ziekenhuis

hopitaly

hotel

hôtely

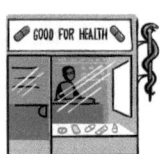

apotheek

farmasia

kantoor

birao

boekwinkel

fivarotam-boky

winkel

fivarotana

bloemenwinkel

mpivarotra voninkazo

supermarkt

supermarché

markt

tsena

warenhuis

tranobe fivarotana

vishandelaar

mpivarotra trondro

winkelcentrum

toeram-pivarotana lehibe

haven

seranana

park

valan-javaboary

bank

latabatra

brug

tetezana

trap

totohatra

metro

metrô

tunnel

tonelina

bushalte

fiantsonan'ny fiara
mpitondra olona

bar

bara

restaurant

toeram-pisakafoanana

brievenbus

boatin-taratasy paositra

straatnaambord

famantarana an-arabe

parkeermeter

parcmètre

zoo

valan-javaboary

zwembad

dobo filomanosana

moskee

moskea

boerderij
toeram-pambolena

milieuverontreiniging
loto

kerkhof
fasana

kerk
trano fiangonana

speelplaats
tokontany filalaovana

tempel
tempoly

landschap

endritany

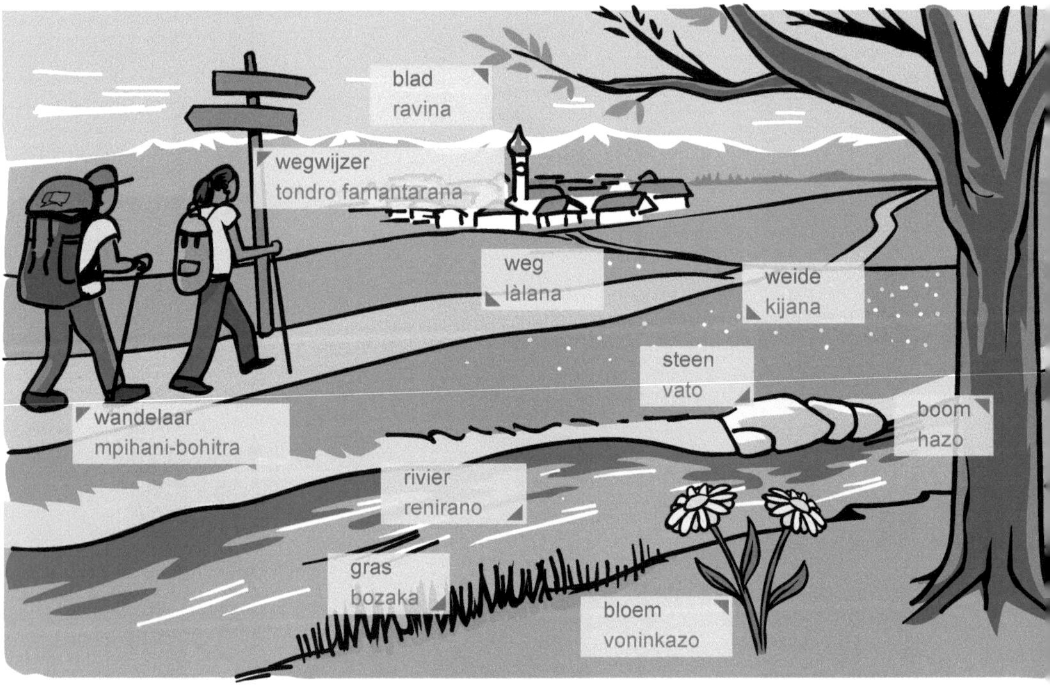

blad
ravina

wegwijzer
tondro famantarana

weg
làlana

weide
kijana

steen
vato

wandelaar
mpihani-bohitra

boom
hazo

rivier
renirano

gras
bozaka

bloem
voninkazo

vallei

lemaka

heuvel

vohitra

meer

laka

bos

ala

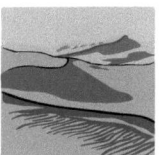

woestijn

tany hay

vulkaan

volkano

kasteel

rova

regenboog

avana

paddenstoel

holatra

palmboom

hazom-boanio

mug

moka

vlieg

lalitra

mier

vitsika

bijl

tantely

spin

hala

kever

voangory

kikker

sahona

eekhoorn

vontsira

egel

trandraka

haas

bitro

uil

vorondolo

vogel

vorona

zwaan

gisabe

wild zwijn

lambo

hert

cerf

eland

voalavo

dam

toha-drano

windturbine

helisy ahodin-drivotra

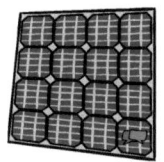

zonnepaneel

takela-masoandro

klimaat

toetr'andro

restaurant

toeram-pisakafoanana

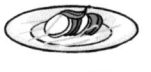

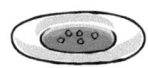

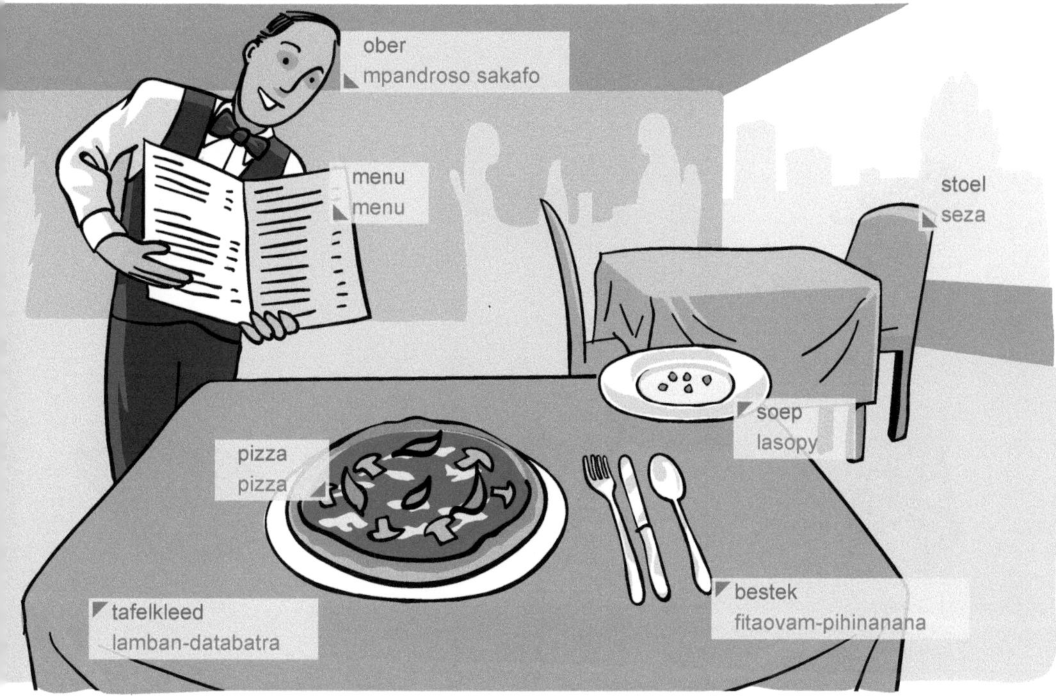
ober
mpandroso sakafo
menu
menu
stoel
seza
soep
lasopy
pizza
pizza
tafelkleed
lamban-databatra
bestek
fitaovam-pihinanana

voorgerecht

entrée

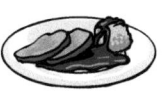

hoofdgerecht

sakafo fototra

nagerecht

desera

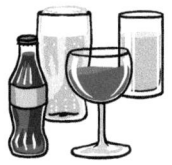

drankjes

zava-pisotro

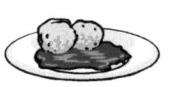

eten

sakafo

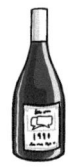

fles

tavoahangy

fastfood

fast food

street food

sakafo an-dalambe

theepot

fitoerana dite

suikerpot

fitoeran-tsiramamy

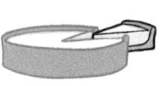

portie

singany

espressomachine

milina espresso

kinderstoel

seza avo

rekening

faktiora

dienblad

lovia fandrosoana sakafo

mes

antsy

vork

sotrorovitra

lepel

sotro

theelepel

sotrokely

serviette

servieta

glas

vera

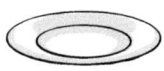

bord
vilia

soepbord
vilian-dasopy

schoteltje
vilia bory

saus
saosy

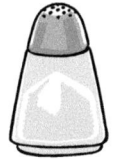

zoutvatje
fitoeran-tsira

pepermolen
milina dipoavatra

azijn
vinaingitra

olie
solika

kruiden
zava-manitra

ketchup
ketchup

mosterd
voan-tsinapy

mayonaise
maionezy

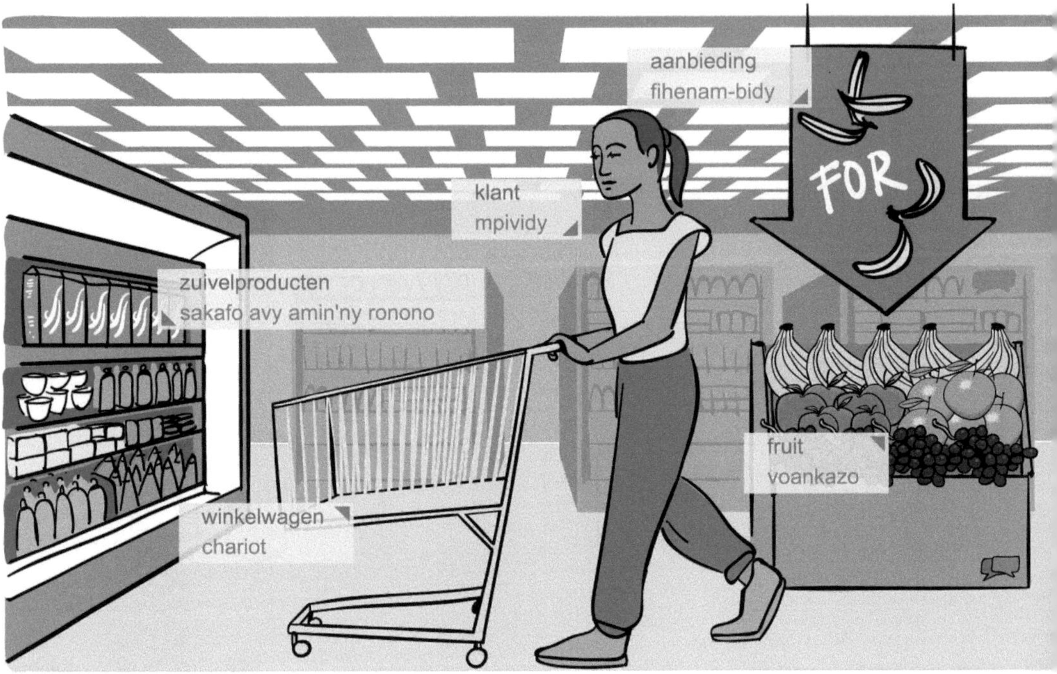

aanbieding
fihenam-bidy

klant
mpividy

zuivelproducten
sakafo avy amin'ny ronono

fruit
voankazo

winkelwagen
chariot

slagerij	bakkerij	wegen
mpivaro-kena	mpivarotra mofo	mandanja
	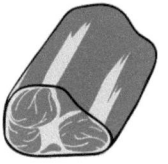	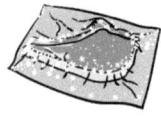
groenten	vlees	diepvriesvoedsel
legioma	hena	sakafo nampangatsiahana

charcuterie

hena voahendy

conserven

sakafo am-by fotsy

waspoeder

vovon-tsavony

snoep

vatomamy

huishoudproducten

fitaovana an-tokatrano

schoonmaakproducten

fitaovana fanadiovana

verkoopster

mpivarotra

kassa

toerana fandoavam-bola

kassier

mpandray vola

boodschappenlijstje

lisitry ny zavatra vidiana

openingstijden

ora fiasana

portefeuille

portefeuille

kredietkaart

fahana amin'ny karatra

tas

harona

plastieken zakje

harona plastika

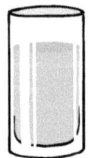

water

rano

sap

ranom-boankazo

melk

ronono

cola

coca

wijn

divay

bier

labiera

alcohol

toaka

cacao

sôkôlà mafana

thee

dite

koffie

kafe

espresso

espresso

cappuccino

cappuccino

banaan

akondro

appel

paoma

sinaasappel

laoranjy

meloen

voatango

citroen

voasarimakirana

wortel

karaoty

knoflook

tongolo gasy

bamboe

volobe

ajuin

tongolo

champignon

holatra

noten

voamaina

noodles

paty

spaghetti

spaghetti

rijst

vary

salade

salady

frieten

ovy frity

gebakken aardappelen

ovy voaendy

pizza

pizza

hamburger

hamburger

sandwich

sandwich

kalfslapje

didin-kena

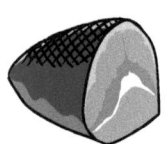

ham

lambo sira

salami

salami

worst

saosisy

kip

akoho

braden

hena mendy

vis

trondro

havervlokken

varin-tsoavaly

muesli

muesli

cornflakes

cornflakes

bloem

lafarinina

croissant

croissant

pistolet

mofodipaina kely

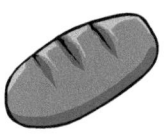

brood

mofo

toast

mofo natono

koekjes

bisky

boter

dobera

kwark

fromazy fotsy

taart

mofomamy

ei

atody

spiegelei

atody nendasina

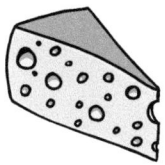

kaas

fromazy

ijs

lagilasy

suiker

siramamy

honing

tantely

confituur

kaonfitira

choco

crème nougat

curry

curry

boerderij
toeram-pambolena

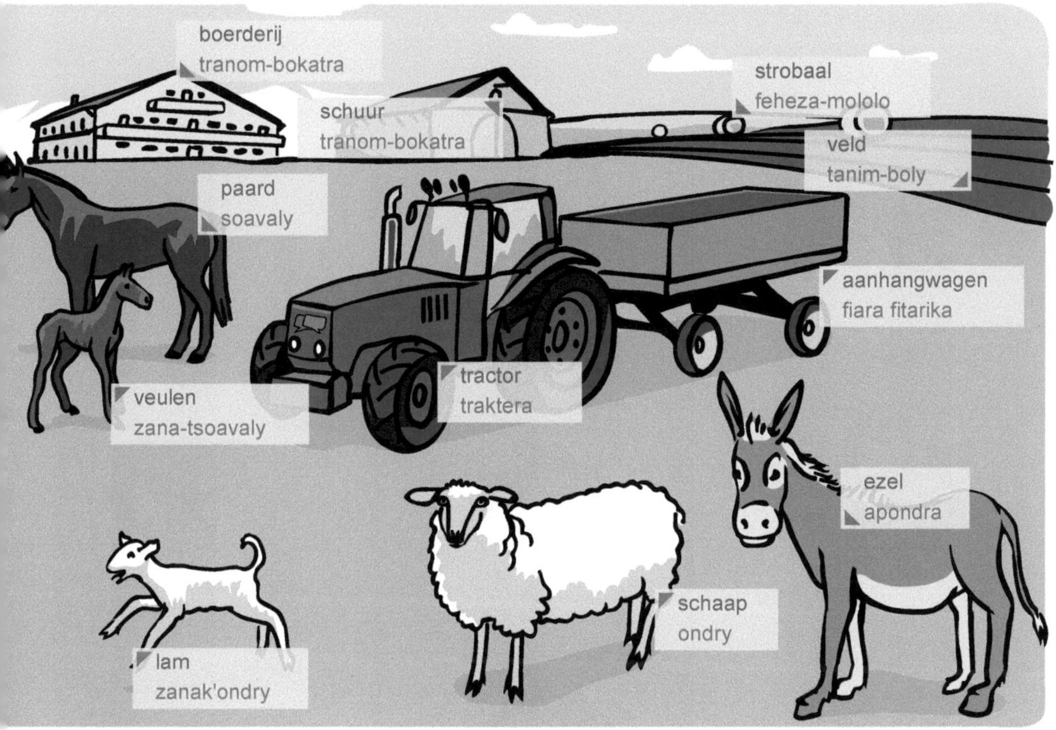
boerderij
tranom-bokatra
schuur
tranom-bokatra
strobaal
feheza-mololo
veld
tanim-boly
paard
soavaly
aanhangwagen
fiara fitarika
tractor
traktera
veulen
zana-tsoavaly
ezel
apondra
schaap
ondry
lam
zanak'ondry

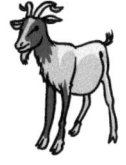

geit
osy

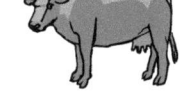

koe
omby vavy

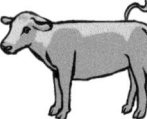

kalf
omby

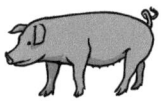

varken
kisoa

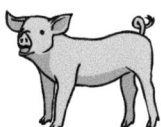

biggetje
zana-kisoa

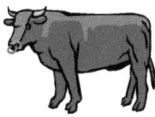

stier
omby

gans

gisa

eend

gana

kuiken

zanak'akoho

kip

akoho vavy

haan

akoho lahy

rat

voalavo

kat

saka

muis

voalavo tondro

os

omby

hond

alika

hondenhok

tranon'alika

tuinslang

fantsona fanondrahana rano

gieter

fanondrahana

zeis

antsy biloka

ploeg

angadin'omby

sikkel
antsim-bilona

schoffel
antsetra

hooivork
farango vy

bijl
famaky

kruiwagen
borety

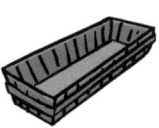

trog
dababe

melkkan
boatin-dronono

zak
harona

hek
fefy

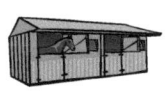

stal
tranom-biby

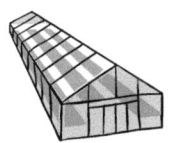

broeikas
talatalan-jaridaina

bodem
tany

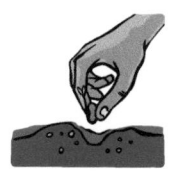

zaad
ambeoka

mest
zezika

maaidorser
milina mpijinja vokatra

oogsten

vokatra

oogst

vokatra

yam

saonjo

tarwe

varimbazaha

soja

saozaha

aardappel

ovy

maïs

katsaka

koolzaad

colza

fruitboom

hazo fihinam-boa

maniok

mangahazo

graan

voamadinika

huis

trano

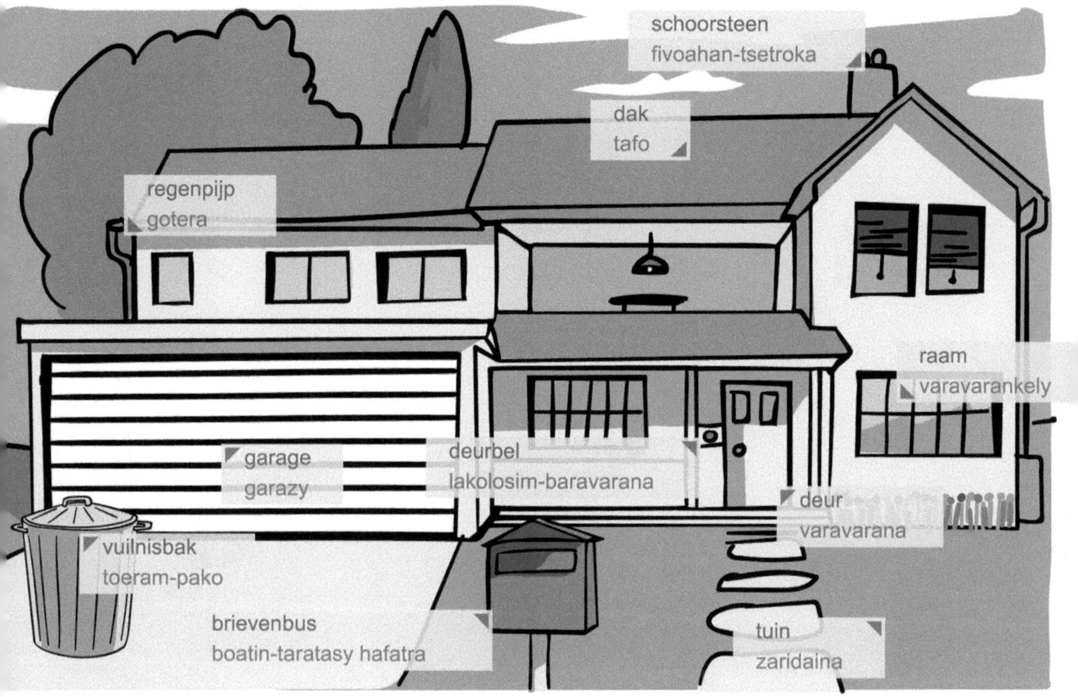
schoorsteen
fivoahan-tsetroka
dak
tafo
regenpijp
gotera
raam
varavarankely
garage
garazy
deurbel
lakolosim-baravarana
deur
varavarana
vuilnisbak
toeram-pako
brievenbus
boatin-taratasy hafatra
tuin
zaridaina

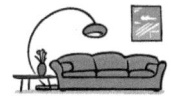

woonkamer

efitra fandraisam-bahiny

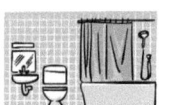

badkamer

efitra fandroana

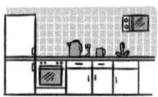

keuken

lakozia

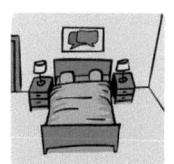

slaapkamer

efitra fatoriana

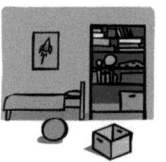

kinderkamer

efitranon'ny ankizy

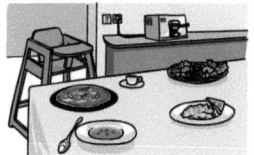

eetkamer

efi-trano fisakafoanana

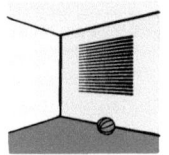

vloer

tany

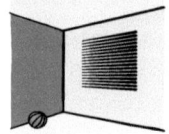

muur

rindrina

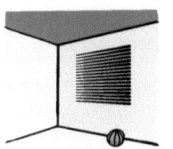

plafond

valindrihana

kelder

lakavy

sauna

sauna

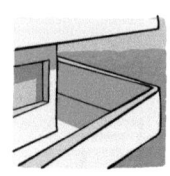

balkon

tsimahalavo

terras

lavarangana

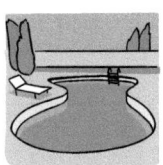

zwembad

dobo filomanosana

grasmaaier

mpanapaka bozaka

dekbedovertrek

lambam-pandriana

dekbed

koety

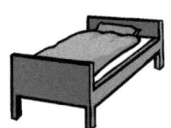

bed

fandriana

bezem

kifafa

emmer

sô

schakelaar

interrupteur

woonkamer

efitra fandraisam-bahiny

behangpapier
sary apetaka
foto
sary
lamp
lampy
schap
talantalana
kast
lalimoara
televisie
fahitalavitra
open haard
anjorinafo
bloem
voninkazo
kussen
lafika
sofa
sofà
vaas
vazy
afstandsbediening
telekaomandy

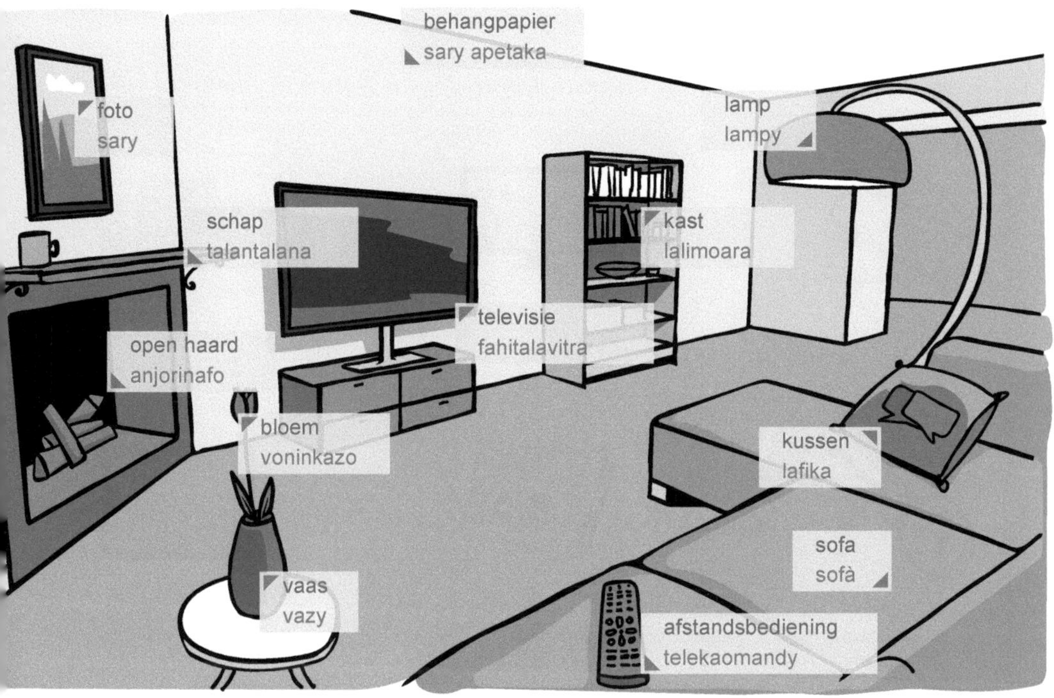

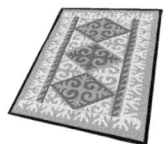

mat
tapis

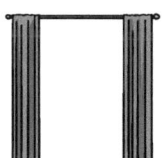

gordijn
takom-baravarana

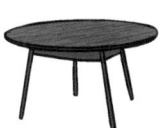

tafel
latabatra

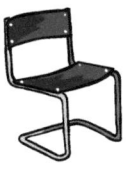

stoel
seza

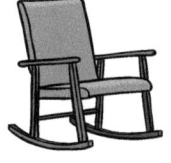

schommelstoel
seza savily

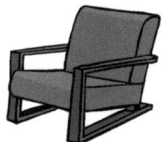

fauteuil
seza mihaja

boek

boky

deken

lamba firakotra

decoratie

asa fandravahana

brandhout

hazo fandrehitra

film

horonantsary

stereo-installatie

fitaovana hi-fi

sleutel

fanalahidy

krant

gazety

schilderij

loko

poster

sary famantarana

radio

radio

notitieboekje

kahie fanao tadidy

stofzuiger

aspiratera

cactus

raketa

kaars

labozia

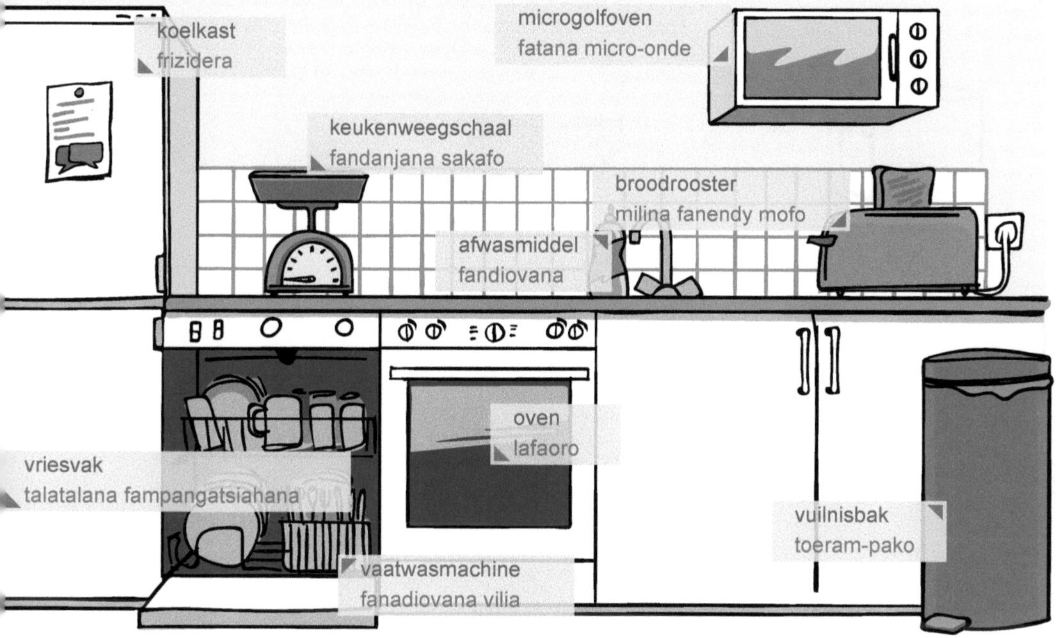

koelkast
frizidera

microgolfoven
fatana micro-onde

keukenweegschaal
fandanjana sakafo

broodrooster
milina fanendy mofo

afwasmiddel
fandiovana

oven
lafaoro

vriesvak
talatalana fampangatsiahana

vuilnisbak
toeram-pako

vaatwasmachine
fanadiovana vilia

fornuis
lafaoro

pot
vilany

gietijzeren pot
vilany vy

wok / kadai
wok / kadai

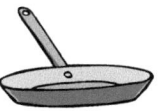

pan
lapoaly

waterkoker
fitaovana fampangotrahana
rano

stoomkoker

vilany mandeha entona

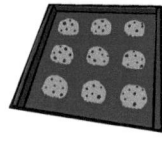

bakplaat

lovia fisaka

servies

fitaovan-dakozia

mok

zinga

kom

vilia baolina

eetstokjes

hazokely fihinanana

pollepel

sotrobe lavatango

spatel

spatule

garde

fanakapohana atody

vergiet

fanatantavanana

zeef

lovia sivana

rasp

fanakikisana

mortier

laona

barbecue

kiendiendy

haardvuur

fivoahan'ny setroka

snijplank

akalana fitetehana

deegrol

kodia fandamàna koba

kurkentrekker

fisontonana bosoa

blik

boaty

blikopener

fanokafana boaty

pannenlap

fitazomana vilany

gootsteen

lavabô

borstel

borosy

spons

spaonjy

blender

miksera

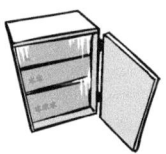

vriezer

fitaovana fampangatsiahana

papfles

tavoahanginono

kraan

paompy

badkamer

efitra fandroana

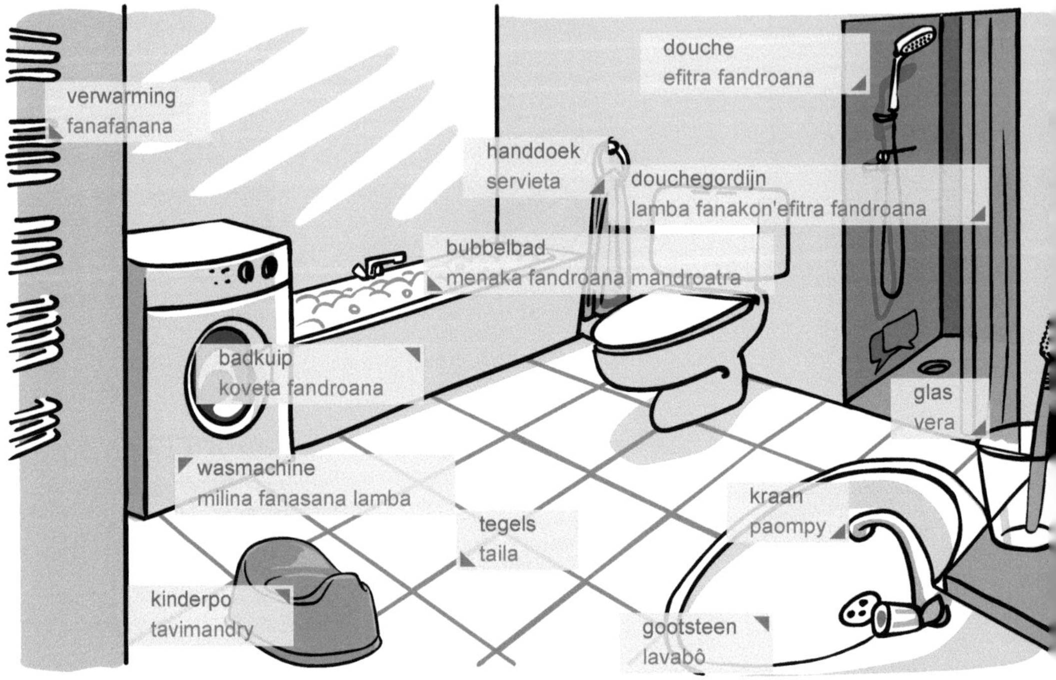

douche
efitra fandroana
verwarming
fanafanana
handdoek
servieta
douchegordijn
lamba fanakon'efitra fandroana
bubbelbad
menaka fandroana mandroatra
badkuip
koveta fandroana
glas
vera
wasmachine
milina fanasana lamba
kraan
paompy
tegels
taila
kinderpo
tavimandry
gootsteen
lavabô

toilet

efitrano fidiovana

hurktoilet

kabone mitsingo

bidet

bidet

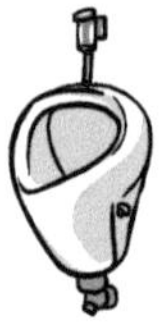

urinoir

fipipizana

toiletpapier

taratasy fidiovana

toiletborstel

borosy fampiasa an-kabone

tandenborstel

borosinify

tandpasta

famotsia-nify

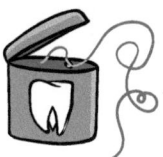

flosdraad

kofehy fanadiova-nify

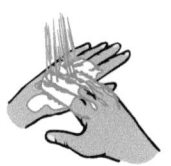

wassen

manasa

handdouche

fisaika enti-tànana

bidethanddouche

fanadiovana fivaviana

waskom

kovetabe

rugborstel

borosin-damosina

zeep

savony

douchegel

el fampiasa rehefa misaika

shampoo

shampoo

washandje

fonon-tànana enti-misaika

afvoer

tsiranoka

crème

crème fanosotra

deodorant

fanalana fofona

spiegel

fitaratra

handspiegel

fitaratra fihaingo

scheermes

hareza

scheerschuim

raotra fiharatra

aftershave

menaka haratra

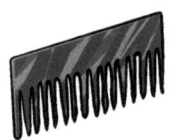

kam

fiogo

borstel

borosy

haardroger

fitaovana fanamainam-bolo

haarlak

atsifotra amin'ny volo

make-up

fikarakarana tarehy

lippenstift

lokomena

nagellak

haingo hoho

watten

vohavohan-dandihazo

nagelknipper

fanapahana hoho

parfum

ranomanitra

toilettas

fitoerana fitaovana an-kabone

kruk

sezabory

weegschaal

fandanjana olona

badjas

akanjo enti-matory

latex handschoenen

fonon-tànana enti-manadio

tampon

servieta fanary

maandverband

lamba fampiasa amin'ny fadimbolana

chemisch toilet

kabone simika

kinderkamer
efitranon'ny ankizy

wekker
famohamandry
knuffel
saribakoly
speelgoedauto
fiara kilalao
rammelaar
korintsana
poppenhuis
tranon-tsaribakoly
geschenk
fanomezana

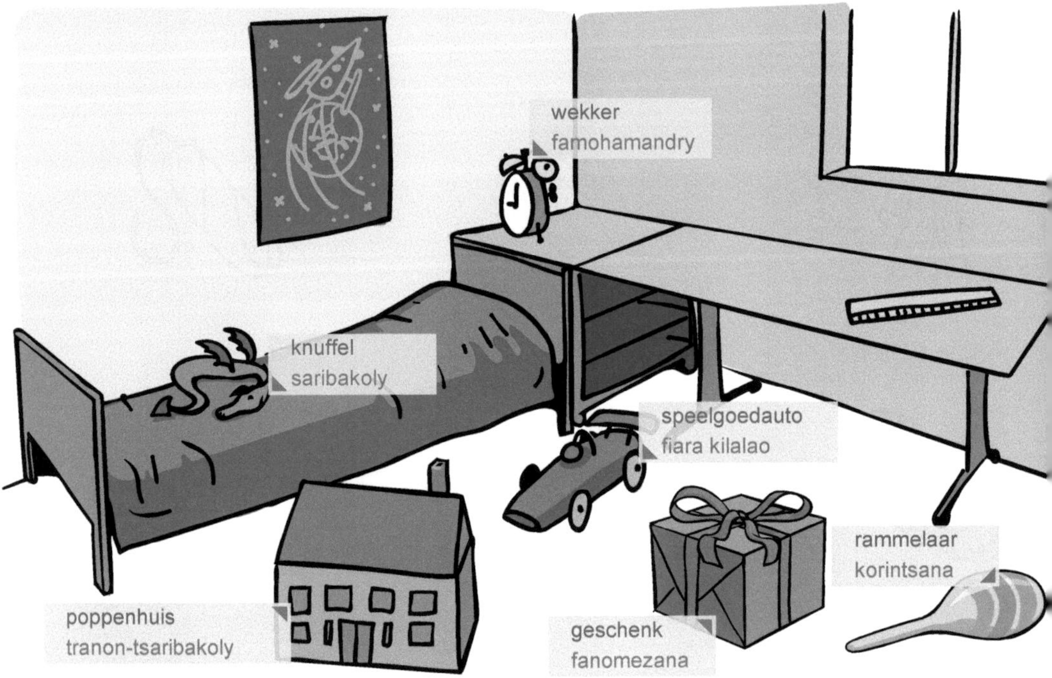

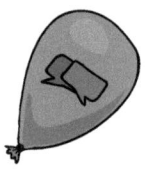

ballon

balaonina

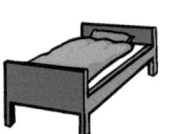

bed

fandriana

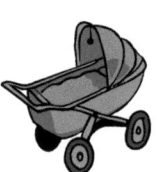

kinderwagen

posety

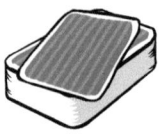

spel kaarten

lalao karatra

puzzel

puzzle

SUPER
MEGA

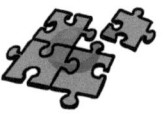

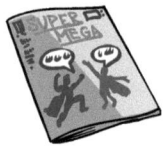

stripboek

sariitatra

legoblokjes
lalao legô

blokken
kilalao fananganana trano

actiefiguur
sarivongana kely

kruippakje
grenera

frisbee
Frisbee

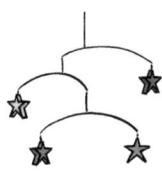

mobiel
mobile

bordspel
jeu de société

dobbelsteen
kodiakely

modelspoorweg
lamasinina kely

fopspeen
solonono

feest
fety

prentenboek
boky feno sary

bal
baolina

pop
saribakoly

spelen
milalao

zandbak

kovetam-pasika

schommel

savily

speelgoed

kilalao

spelconsole

kilalao video

driewieler

tricycle

knuffelbeer

teddy orsa

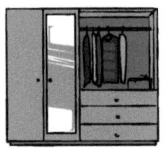

kleerkast

fitoeran'akanjo

kleding

akanjo

sokken

bà kiraro

kousen

bàn-tongotra

maillot

akanjo manara-batana

sjaal
foloara

paraplu
elo

riem
fehin-kibo

T-shirt
t-shirt

laarzen
baoty

slippers
kapa fitondra an-trano

sneakers
kiraro tenisy

sandalen
kapa

schoenen
kiraro

rubberlaarzen
baoty fingotra

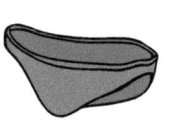
onderbroek
atinakanjo

beha
tatinono

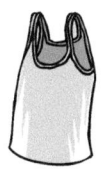
onderhemd
akanjo feno

lichaam

vatana

broek

pataloha

jeans

jean

rok

zipo

blouse

akanjo ambony

hemd

lobaka

trui

pull

capuchontrui

akanjo sarotro

blazer

palitao

jas

palitao

jas

palitao

regenjas

akanjo aro-orana

kostuum

akanjo fianjaika

jurk

fitafim-behivavy

trouwjurk

akanjon'ny ampakarina

pak

akanjo fianjaika

nachthemd

akanjo-mandry

pyjama

pijamà

sari

sari

hoofddoek

sarondoha

tulband

turban

boerka

burqa

kaftan

kaftan

abaya

abaya

badpak

akanjo fitondra milomano

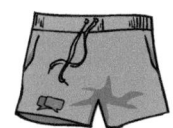

zwembroek

akanjo fitondra milomano

short

pataloha fohy

trainingspak

akanjo fitena

schort

tablie

handschoenen

fonon-tànana

knoop

bokotra

bril

solomaso

armband

brasele

ketting

rojo

ring

peratra

oorbel

kavina

pet

satroka

kapstok

fanantonana palitao

hoed

satroka

das

fehivozo

rits

hidikorisa

helm

aroloha

bretellen

beritelo

schooluniform

fanamian'ny mpianatra

uniform

fanamiana

slabbetje
bavoara

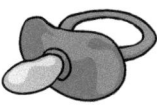

fopspeen
solonono

luier
taty

kantoor
birao

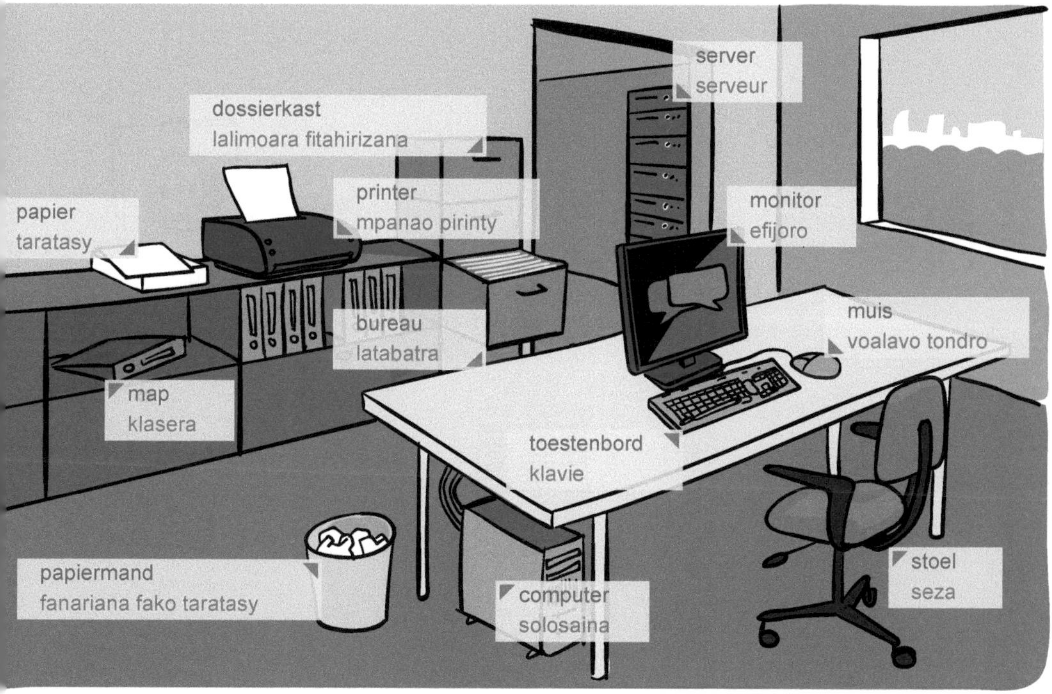

server
serveur

dossierkast
lalimoara fitahirizana

printer
mpanao pirinty

monitor
efijoro

papier
taratasy

bureau
latabatra

muis
voalavo tondro

map
klasera

toestenbord
klavie

papiermand
fanariana fako taratasy

stoel
seza

computer
solosaina

koffiemok
kaopin-kafe

rekenmachine
mpikajy

internet
aterineto

laptop

solosaina maivana

brief

taratasy

bericht

hafatra

gsm

mobile

netwerk

tambajotra

kopieerapparaat

imprimante

software

rindrambaiko

telefoon

finday

stopcontact

prizy

fax

fax

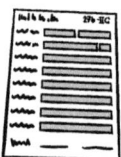

formulier

efitra fenoina

document

fehezan-taratasy

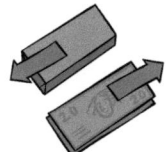

kopen

mividy

betalen

mandoa vola

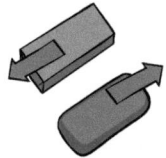

handelen

misera

geld

vola

dollar

dôlara

euro

euro

yen

yen

roebel

rouble

Zwitserse frank

Franc suisse

Chinese renminbi

renminbi yuan

roepie

roupie

geldautomaat

fangalàna vola

wisselkantoor

toerana fanakalozana vola

goud

volamena

zilver

volafotsy

olie

solika

energie

angovo

prijs

vidiny

contract

fifanekena

belasting

hetra

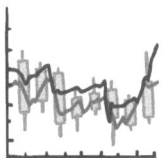

aandeel

action borsa

werken

miasa

werknemer

mpiasa

werkgever

mpampiasa

fabriek

orinasa

winkel

fivarotana

beroepen

asa

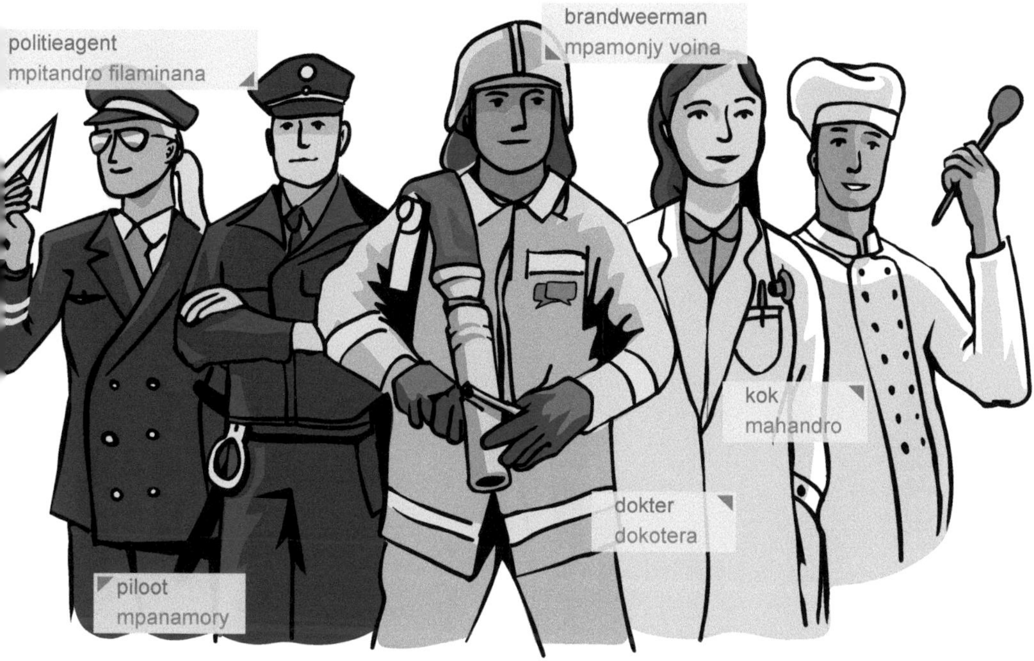
politieagent
mpitandro filaminana
brandweerman
mpamonjy voina
kok
mahandro
dokter
dokotera
piloot
mpanamory

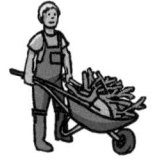

tuinman

mpikarakara zaridaina

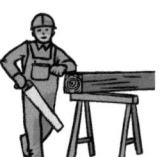

timmerman

mpandrafitra

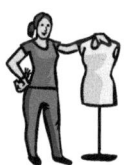

naaister

vehivavy mpanjaitra

rechter

mpitsara

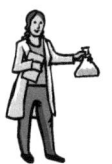

chemicus

mpahay simia

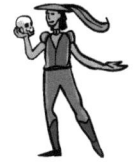

acteur

mpilalao sarimihetsika

buschauffeur

mpamily fiara fitateram-bahoaka

taxichauffeur

mpamily fiarakaretsaka

visser

mpanjono

schoonmaakster

vehivavy mpanadio

dakdekker

mpanao tafo

ober

mpandroso sakafo

jager

mpihaza

schilder

mpandoko

bakker

mpanao mofo

elektricien

elektrisianina

bouwvakker

mpanao trano

ingenieur

injeniera

slager

mivaro-kena

loodgieter

plombier

postbode

faktera

soldaat

miaramila

architect

mpanao mari-trano

kassier

mpandray vola

bloemist

mpivarotra voninkazo

kapper

mpanao volo

conducteur

mpizara tapakila

mecanicien

mpahay mekanika

kapitein

kapiteny

tandarts

mpitsabo nify

wetenschapper

siantifika

rabbijn

raby

imam

imam

monnik

moanina

geestelijke

pretra

werktuigen
fitaovana

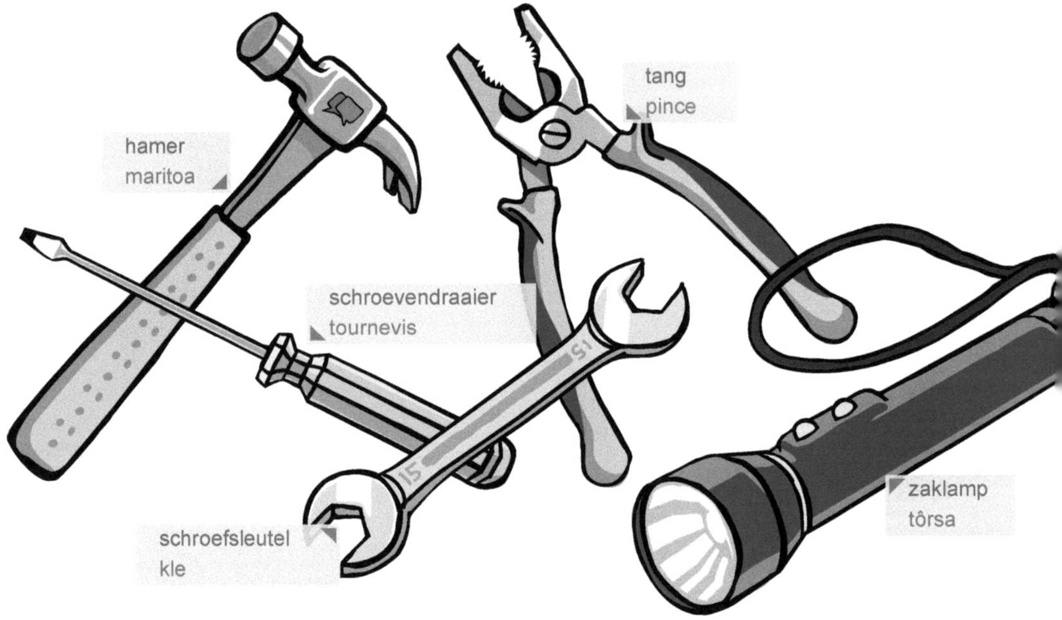

hamer
maritoa
tang
pince
schroevendraaier
tournevis
schroefsleutel
kle
zaklamp
tôrsa

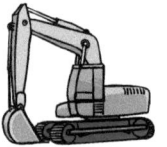

graafmachine

pelleteuse

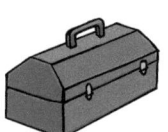

gereedschapskoffer

boaty fanisy fitaovana

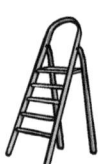

ladder

tohatra

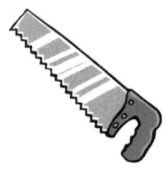

zaag

tsofa

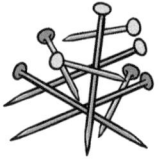

spijkers

fantsika

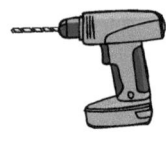

boormachine

perceuse

repareren
....
manarina

schop
....
lapela

Verdomme!
....
Kyy!

blik
....
angadim-pako

verfpot
....
boatin-doko

schroeven
....
visy

muziekinstrumenten
zava-maneno

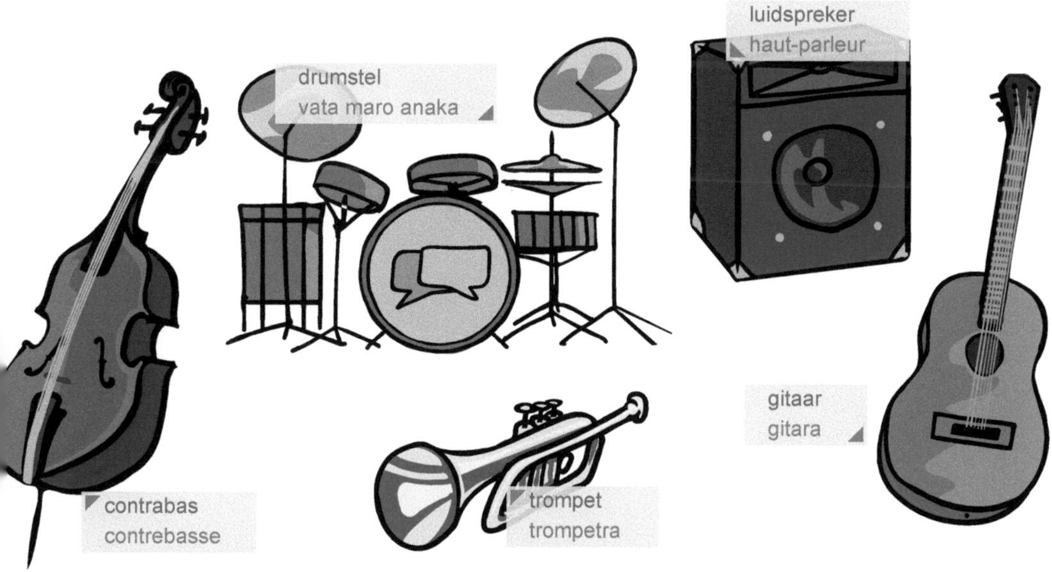

drumstel
vata maro anaka

luidspreker
haut-parleur

contrabas
contrebasse

trompet
trompetra

gitaar
gitara

piano

vata maro afitsoka

viool

lokanga

basgitaar

basse

pauk

amponga timpani

trommels

aponga

keyboard

klavie

saxofoon

saksa

fluit

sodina

microfoon

mikrao

valan-javaboary

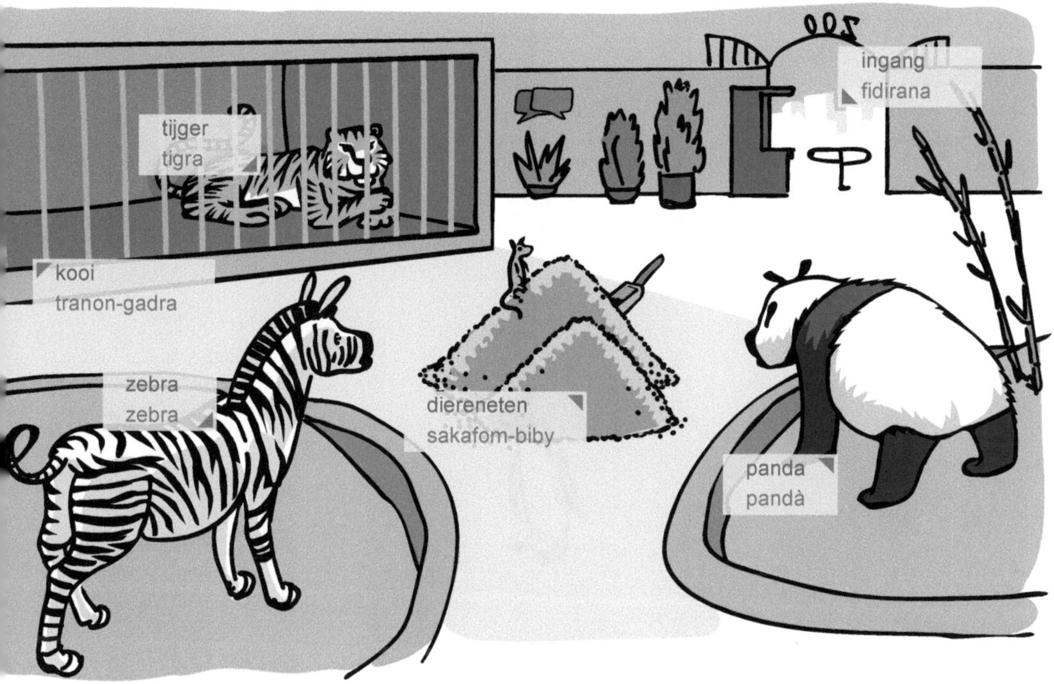
ingang
fidirana
tijger
tigra
kooi
tranon-gadra
zebra
zebra
diereneten
sakafom-biby
panda
pandà

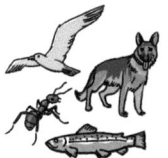

dieren
biby

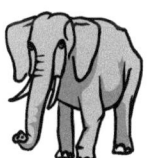

olifant
elefanta

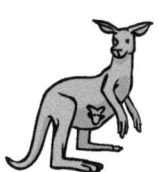

kangoeroe
kangoroa

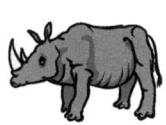

neushoorn
rinôserôsy

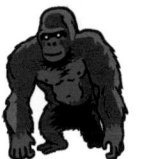

gorilla
gôrila

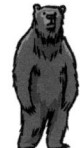

beer
orsa

kameel
rameva

struisvogel
aotrisy

leeuw
liona

aap
rajako

flamingo
sama

papegaai
boloky

ijsbeer
orsa polera

pinguïn
pengoa

haai
atsantsa

pauw
vorombola

slang
bibilava

krokodil
voay

dierenverzorger
mpiandry valan-javaboary

zeehond
fôko

jaguar
jagoara

pony

poney

luipaard

leopara

nijlpaard

hipôpôtamo

giraffe

zirafa

adelaar

voromahery

wild zwijn

lambo

vis

trondro

zeeschildpad

sokatra

walrus

môrsa

vos

renard

gazelle

gazely

rugby
Football amerikana

wielrennen
hazakazaka am-bisikileta

tennis
tennis

basketbal
baskety

zwemmen
lomano

boksen
boxe

ijshockey
hockey an-dranomandr

voetbal
baolina kitra

badminton
badminton

atletiek
atletisma

handbal
handball

skiën
ski

polo
polo

activiteiten
raharaha

lachen
mihomehy
ringen
tsambikina
knuffelen
mamihina
wandelen
mandeha
zingen
mihira
dromen
manonofy
bidden
mivavaka
kussen
manoroka

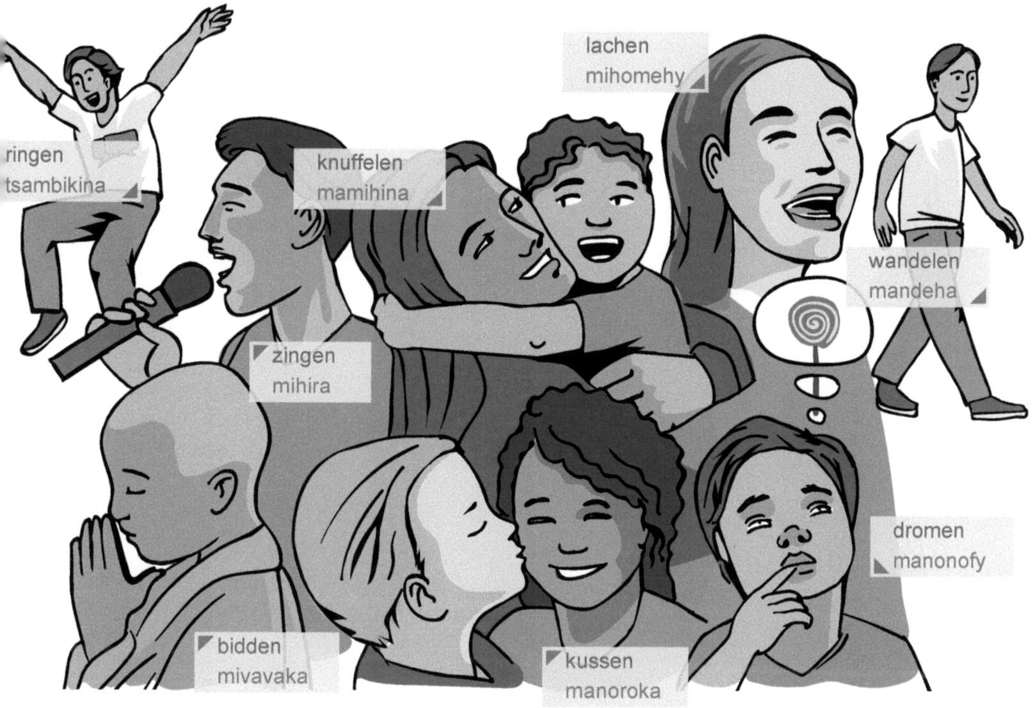

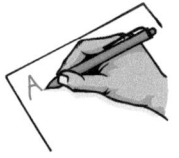

schrijven

manoratra

tekenen

manao sary

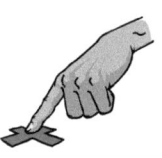

tonen

maneho

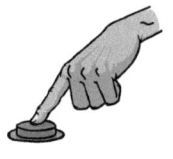

duwen

manosika

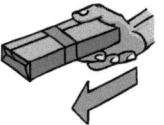

geven

manome

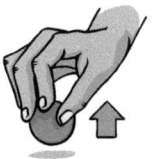

nemen

mandray

hebben

manana

doen

manao

zijn

mizovy

staan

mijoro

lopen

mihazakazaka

trekken

misintona

gooien

manary

vallen

lavo

liggen

mandry

wachten

miandry

dragen

mitondra

zitten

mipetraka

aankleden

miakanjo

slapen

matory

ontwaken

mifoha

kijken naar

mijery

wenen

mitomany

aaien

fahatapahan'ny lalan-dra

kammen

fiogo

praten

miresaka

begrijpen

mahay

vragen

milaza

luisteren

mihaino

drinken

misotro

eten

mihinana

opruimen

mandamina

houden van

mitia

koken

mahandro

rijden

mamily

vliegen

lalitra

zeilen

miandriaka

rekenen

mikajy

Lezen

mamaky

leren

mianatra

werken

miasa

trouwen

mivady

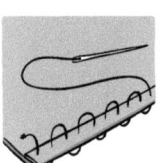

naaien

manjaitra

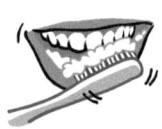

tandenpoetsen

miborosy nify

doden

mamono

roken

mifoka

sturen

mandefa

familie
fianakaviana

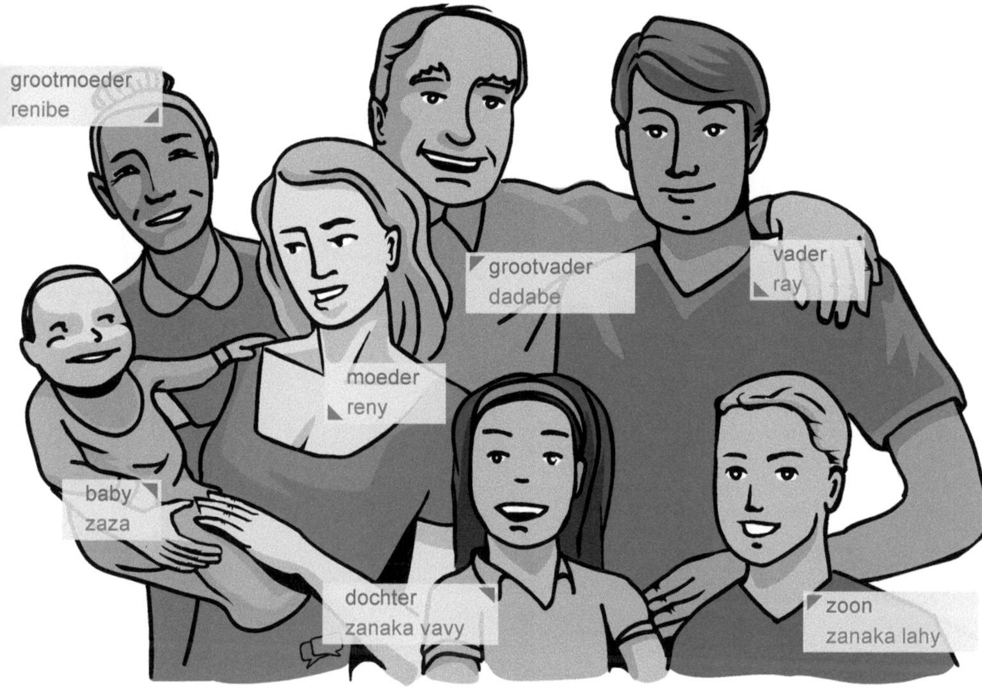

grootmoeder
renibe
grootvader
dadabe
vader
ray
moeder
reny
baby
zaza
dochter
zanaka vavy
zoon
zanaka lahy

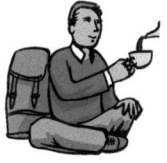

gast

vahiny

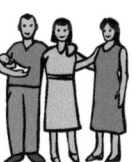

tante

nenitoa

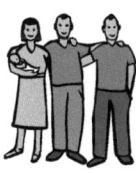

oom

dadatoa

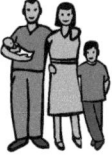

broer

rahalahy

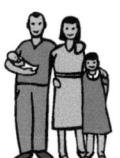

zus

rahavavy

lichaam

vatana

voorhoofd
handrina
oog
maso
schouder
soroka
vinger
rantsan-tànana
gezicht
tarehy
kin
saoka
hand
tànana
been
ranjo
borst
nono
arm
sandry

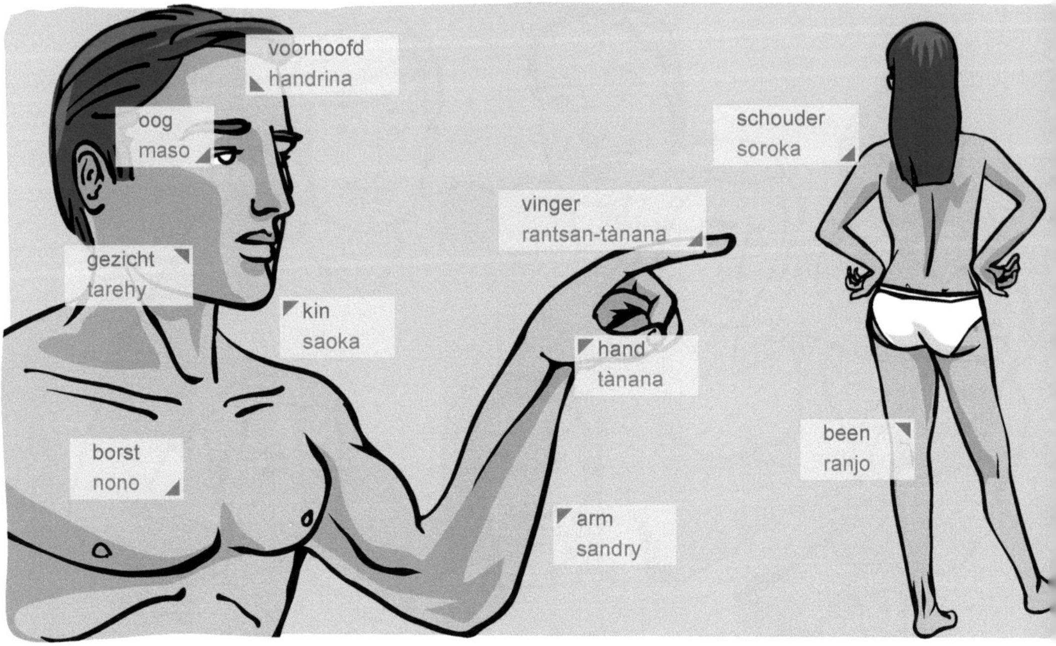

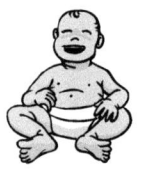

baby
zaza

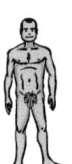

man
lehilahy

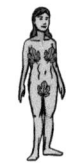

vrouw
vehivavy

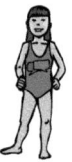

meisje
vavy

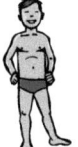

jongen
lahy

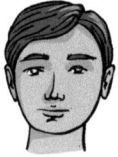

hoofd
loha

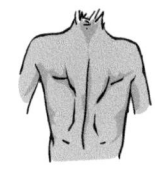

rug
lamosina

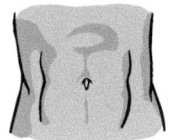

buik
kibo

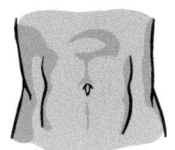

navel
foitra

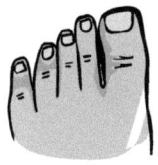

teen
rantsan-tongotra

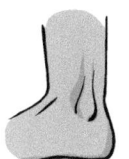

hiel
voditongotra

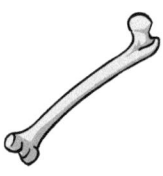

bot
taolana

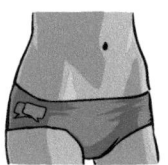

heup
valahana

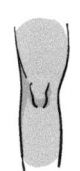

knie
lohalika

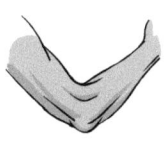

elleboog
kiho

neus
orona

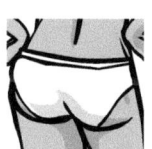

zitvlak
vody

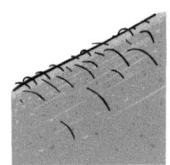

huid
hoditra

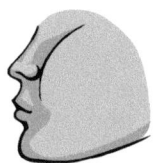

wang
takolaka

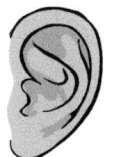

oor
sofina

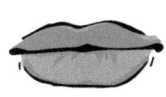

lip
molotra

mond
vava

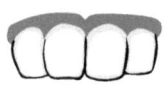

tand
nify

tong
lela

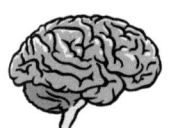

hersenen
saina

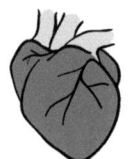

hart
fo

spier
ozatra

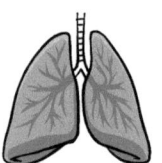

long
havokavoka

lever
aty

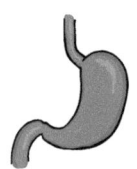

maag
vavony

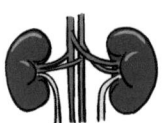

nieren
voa

seks
firaisana ara-nofo

condoom
fimailo

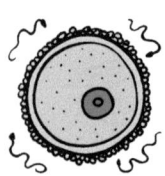

eicel
tsirivavy

sperma
ranonaina

zwangerschap
vohoka

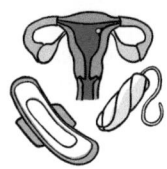

menstruatie
fadimbolana

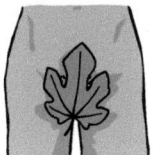

vagina
fivaviana

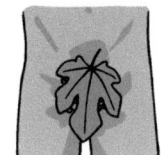

penis
filahiana

wenkbrauw
volomaso

haar
volo

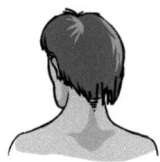

nek
tenda

ziekenhuis
hopitaly

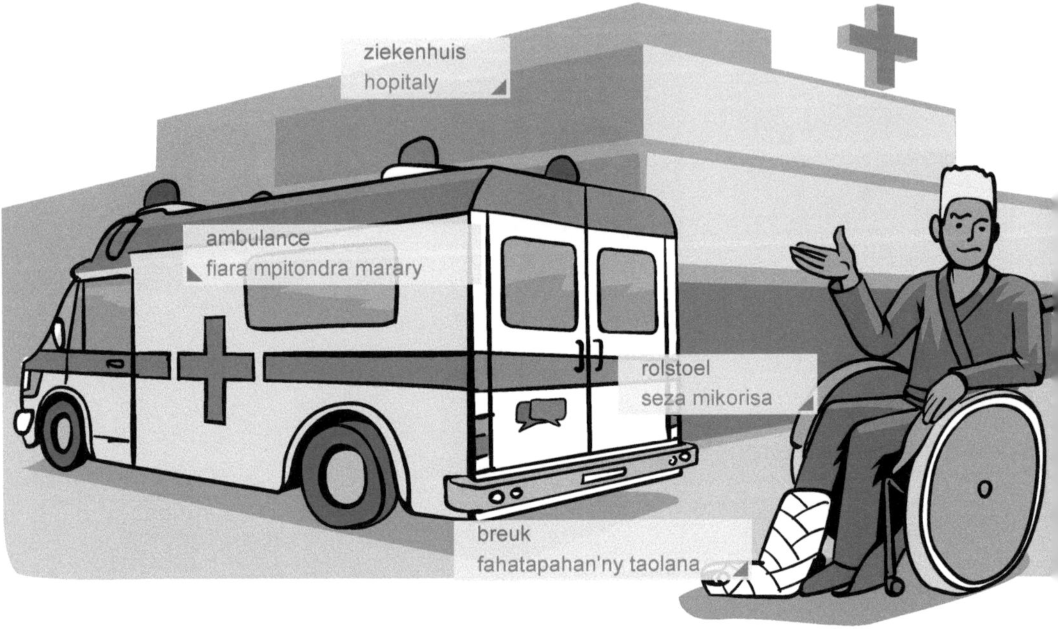

ziekenhuis
hopitaly
ambulance
fiara mpitondra marary
rolstoel
seza mikorisa
breuk
fahatapahan'ny taolana

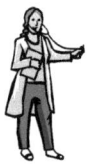

dokter

dokotera

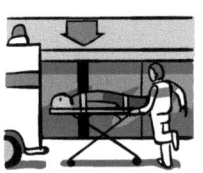

spoed

efitra vonjy taitra

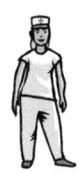

verpleegkundige

mpitsabo mpanampy

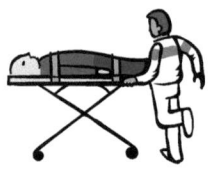

noodgeval

vonjy taitra

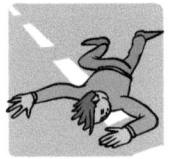

bewusteloos

tsy mahatsiaro tena

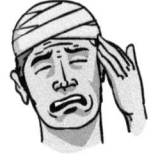

pijn

fanaintainana

verwonding

faharatràna

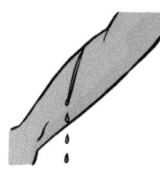

bloeding

mandeha rà

hartaanval

aretim-po

beroerte

ahatapahan'ny lalan-dra

allergie

tsy fahazakana sakafo

hoest

kohaka

koorts

tazo

griep

gripa

diarree

fivalanana

hoofdpijn

aretin'an-doha

kanker

homamiadana

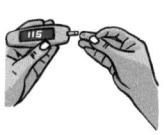

diabetes

diabeta

chirurg

dokotera mpandidy

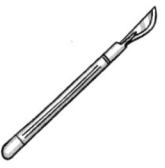

scalpel

antsy fandidiana

operatie

fandidiana

CT
TC

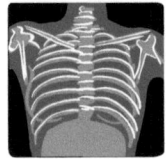

röntgenstraal
taratra X

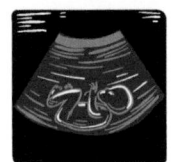

ultrageluid
ekôgrafia

gezichtsmasker
saron-tava

ziekte
aretina

wachtkamer
efitrano fiandrasana

kruk
tehina

pleister
taha fery

verband
bandy

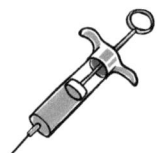

injectie
tsindrona

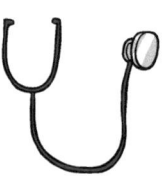

stethoscoop
stetoskopy

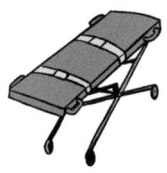

brancard
filanjana marary

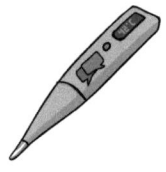

thermometer
fitaovana fitsapana
hafanana

geboorte
fahaterahana

overgewicht
hatavezana tafahoatra

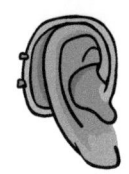

hoorapparaat

fitaovana fandrenesana

ontsmettingsmiddel

famonoana mikraoba

infectie

fifindràna aretina

virus

viriosy

HIV / AIDS

VIH / SIDA

medicijn

fitsaboana

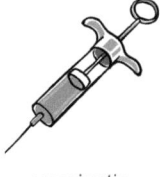

vaccinatie

vaksiny

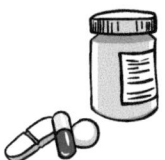

tabletten

pilina

pil

pilina

noodoproep

antso vonjy taitra

bloeddrukmeter

fitaovana fitsapana tosi-drà

ziek / gezond

marary / salama

Help!

Vonjeo!

alarm

antso fanairana

overval

herisetra

aanval

vono

gevaar

loza

nooduitgang

fivoahana raha misy loza

Brand!

Afo!

brandblusser

fitaovam-pamonoana afo

ongeval

loza

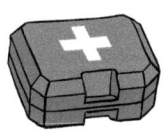

EHBO-kit

fitaovam-pitsaboana
vonjimaika

SOS

SOS

politie

pôlisy

Europa

Eoropa

Noord-Amerika

Amerika avaratra

Zuid-Amerika

Amerika atsimo

Afrika

Afrika

Azië

Azia

Australië

Aostralia

Atlantische Oceaan

Atlantika

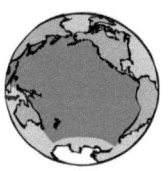

Stille Oceaan

Pasifika

Indische Oceaan

Ranomasimbe Indiana

Antarctische Oceaan

Oseana Antarktika

Arctische Oceaan

Oseana Arktika

Noordpool

Tendrotany avaratra

Zuidpool

Tendrotany atsimo

Antarctica

Antarktika

aarde

tany

land

tany

zee

ranomasina

eiland

nosy

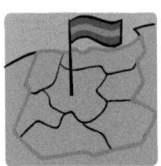

natie

tanindrazana

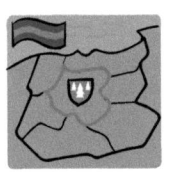

staat

firenena

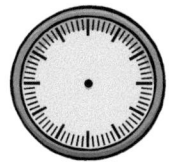

wijzerplaat

:avam-pamantaranandro

uurwijzer

tondro ora

minuutwijzer

tondro minitra

secondewijzer

tondro segondra

Hoe laat is het?

Amin'ny firy izao?

dag

andro

tijd

fotoana

nu

izao

digitale horloge

famantaranandro niomerika

minuut

minitra

uur

ora

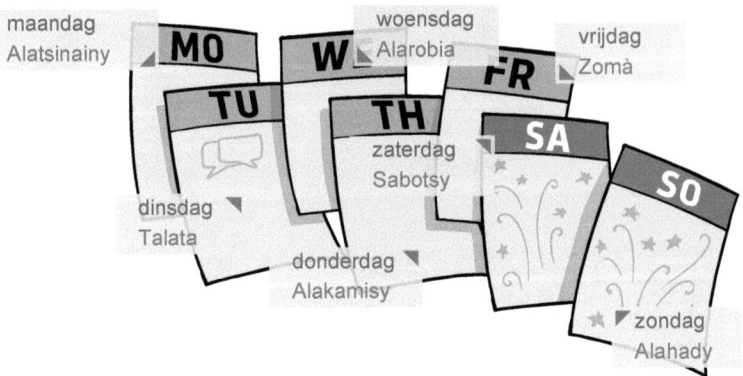

maandag
Alatsinainy

MO

woensdag
Alarobia

W

vrijdag
Zomà

FR

TU

TH

zaterdag
Sabotsy

SA

SO

dinsdag
Talata

donderdag
Alakamisy

zondag
Alahady

gisteren
omaly

vandaag
androany

morgen
ampitso

ochtend
maraina

middag
atoandro

avond
hariva

werkdagen
adro fiasàna

weekend
faran'ny herinandro

jaar
taona

regen
orana
regenboog
avana
sneeuw
ranomandry
wind
rivotra
lente
lohataona
herfst
fararano
zomer
vanin-taona maina
winter
ririnina

4.APRIL 11°
5.APRIL 4°
6.APRIL 13°
7.APRIL 8°
8.APRIL 10°

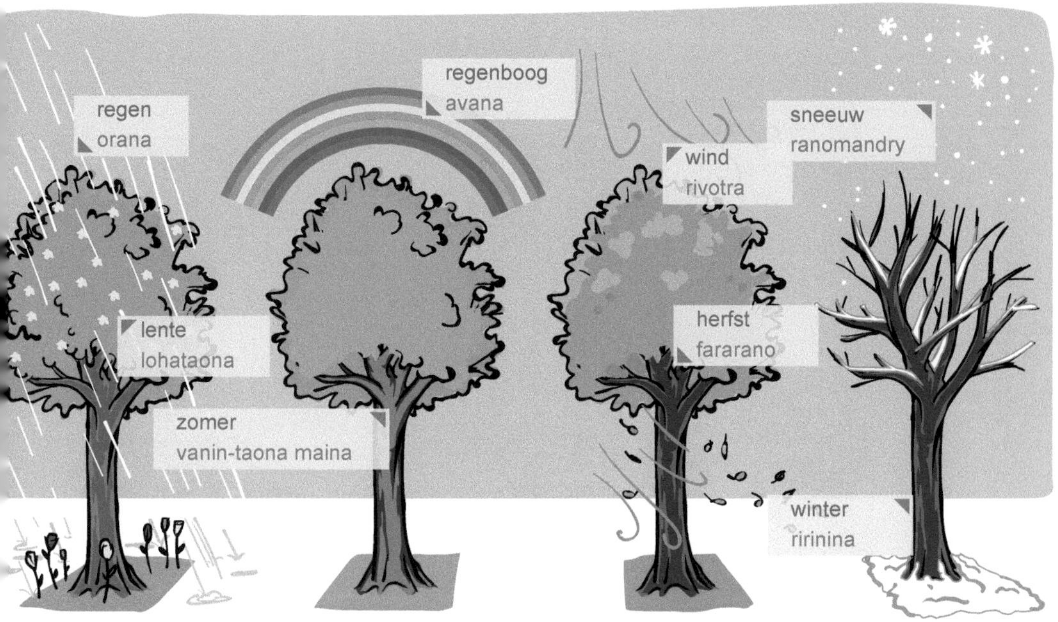

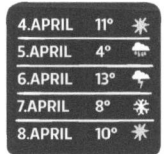

weervoorspelling
vinavina ara-toetrandro

F C
120 90 60 30 0 -30
40 30 20 10 0 -10 -20

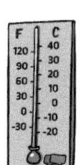

thermometer
thermomètre

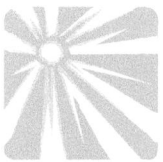

zonneschijn
tara-masoandro

wolk
rahona

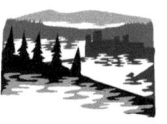

mist
zavona

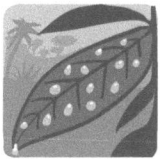

vochtigheid
hamandoana

bliksem

tselatra

donder

kotroka

storm

tafio-drivotra

hagel

havandra

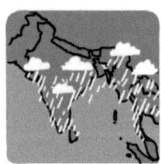

moesson

fahavaratra

overstroming

tondra-drano

ijs

vaingan-drano

januari

Janoary

februari

Febroary

maart

Martsa

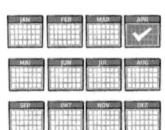

april

Avrila

mei

Mey

juni

Jiona

juli

Jolay

augustus

Aogositra

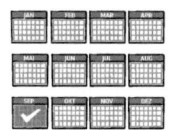

september
....
Septambra

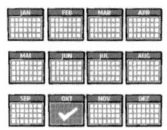

oktober
....
Oktobra

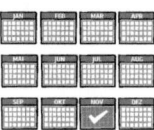

november
....
Novambra

december
....
Desambra

vormen

endrika

cirkel
....
boribory

kwadraat
....
efamira

rechthoek
....
efajoro

driehoek
....
telozoro

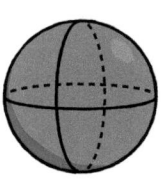

bol
....
bola

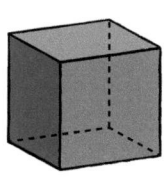

kubus
....
goba

wit

fotsy

geel

mavo

oranje

laoranjy

roze

mavokely

rood

mena

paars

voloparasy

blauw

manga

groen

maitso

bruin

volotany

grijs

volondavenona

zwart

mainty

veel / weinig

betsaka / vitsy

boos / kalm

tezitra / tony

mooi / lelijk

tsara / ratsy

begin / einde

fiandohana / fiafarana

groot / klein

lehibe / kely

licht / donker

mazava / maloka

broer / zus

rahalahy / rahavavy

proper / vuil

madio / maloto

volledig / onvolledig

feno / banga

dag / nacht

andro / alina

dood / levend

maty / velona

breed / smal

malalaka / tery

eetbaar / oneetbaar

azo hanina / tsy fihinana

kwaadaardig / vriendelijk

tsivalahara / tsara fanahy

opgewonden / verveeld

endratra / sorena

dik / dun

matavy / mahia

eerst / laatst

voalohany / farany

vriend / vijand

mpinamana / mpifahavalo

vol / leeg

feno / foana

hard / zacht

mafy / malefaka

zwaar / licht

mavesatra / maivana

honger / dorst

noana / mangetaheta

ziek / gezond

marary / salama

illegaal / legaal

tsy ara-dalàna / ara-dalàna

intelligent / dom

mahay / vendrana

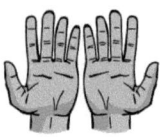

links / rechts

havia / havanana

dichtbij / veraf

akaiky / lavitra

nieuw / gebruikt

vaovao / tranainy

niets / iets

tsy misy / misy

oud / jong

antitra / tanora

aan / uit

mandeha / maty

open / dicht

mivoha / mihidy

stil / luid

mangina / mitabataba

rijk / arm

nanankarena / mahantra

juist / fout

marina / diso

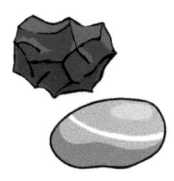

ruw / glad

marokoroko / malama

droevig / blij

malahelo / faly

kort / lang

fohy / lava

traag / snel

mora / faingana

nat / droog

mando / maina

warm / koud

mafana / mangatsiaka

oorlog / vrede

ady / fahalemana

0	**1**	**2**
nul	één	twee
aotra	iray	roa

3	**4**	**5**
drie	vier	vijf
telo	efatra	dimy

6	**7**	**8**
zes	zeven	acht
enina	fito	valo

9	**10**	**11**
negen	tien	elf
sivy	folo	iraikambinifolo

12	**13**	**14**
twaalf	dertien	veertien
roambinifolo	teloambinifolo	efatrambinifolo

15	**16**	**17**
vijftien	zestien	zeventien
dimiambinifolo	eninambinifolo	fitoambinifolo

18	**19**	**20**
achtien	negentien	twintig
valoambinifolo	siviambinifolo	roapolo

100	**1.000**	**1.000.000**
honderd	duizend	miljoen
zato	arivo	tapitrisa

Engels

Anglisy

Amerikaans Engels

Anglisy amerikana

Chinees (Mandarijn)

Fiteny sinoa mandarina

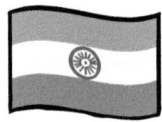

Hindi

Hindi

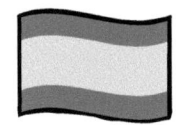

Spaans

Espaniola

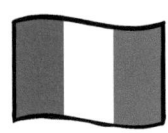

Frans

Frantsay

Arabisch

Fiteny arabo

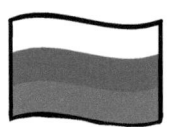

Russisch

Fiteny rosiana

Portugees

Portogey

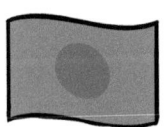

Bengali

Bengaly

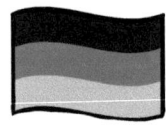

Duits

Alemà

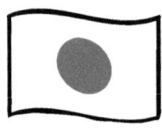

Japans

Japoney

ik

izaho

u

ianao

hij / zij / het

izy / io

wij

isika

u

ianao

ze

zareo

wie?

iza?

wat?

inona?

hoe?

ahoana?

waar?

aiza?

wanneer?

oviana?

naam

anarana

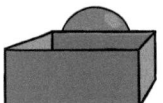

achter

aorina

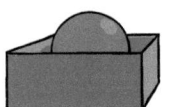

in

anaty

voor

anoloana

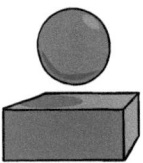

boven

any

op

ambony

onder

ambany

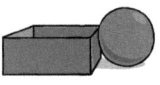

naast

ankila

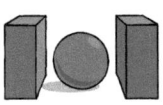

tussen

afovoany

plaats

toerana